Heidemarie Dammenhayn

Öffnung des Unterrichts

Heft 2

Kopiervorlagen
für differenziertes Arbeiten
im Erstleseunterricht

V
W
V
Volk und Wissen Verlag GmbH
Berlin 1990

Dammenhayn, Heidemarie:
Öffnung des Unterrichts / Heidemarie Dammenhayn. -
Berlin : Volk u. Wissen
H 2. Kopiervorlagen für differenziertes Arbeiten
    im Erstleseunterricht. - 1. Aufl. - 1990. -
    64 S.

ISBN 3-06-09 20 81-8
1. Auflage
© Volk und Wissen Verlag GmbH, Berlin 1990
Printed in the German Democratic Republic
Gesamtherstellung: Nationales Druckhaus, Berlin
Redaktion: Erika Richter
Illustrationen: Britta Matthies
Einband und typographische Gestaltung: Konrad Golz, Dagny Scheidt
LSV 0645
Bestell-Nr. 709 826 0

Inhalt

1. Vorbemerkungen

Die im Heft 1 unserer Reihe "Öffnung des Unterrichts" angebote-
nen Kopiervorlagen für Partnerübungen werden mit dem vorliegenden
Heft 2 erweitert durch Übungen, die sich besonders für indivi-
duelles Lernen einzelner Kinder eignen.

Die Kopiervorlagen bieten

- Übungen zur Buchstabensicherheit,
- Übungen, die den einzelnen Laut und Buchstaben berücksichtigen,
- Übungen, die das simultane Erfassen von Silben und Wörtern
  fördern, sowie
- Übungen, die auf das Verstehen von Sätzen und Texten gerichtet
  sind.

Die Aufgaben stellen qualitativ und quantitativ unterschiedliche
Anforderungen an die Kinder. Leichtere Aufgaben sind mit ● gekenn-
zeichnet, schwierigere mit ■ . Die Auswahl der Aufgaben kann den
Kindern überlassen bleiben. Der Lehrer lenkt mit leichter Hand
und gibt Anregungen und Empfehlungen.

Diese Differenzierungsaufgaben verstehen sich als zusätzliches
Angebot zum Leselehrgang mit dem Leselernbuch "Meine Fibel". Sie
ermöglichen Übungsphasen, in denen die Kinder nach ihren indi-
viduellen Voraussetzungen und Neigungen im Umgang mit selbstge-
wähltem Material eigenverantwortlich üben, Gelerntes anwenden und
dadurch weiterführen und vertiefen.

Die Blätter können sowohl für die frontale Stillarbeit als auch
für die differenzierte Arbeit in Lerngruppen oder für die selbst-
bestimmte Freiarbeit der Kinder genutzt werden.

2. Methodische Hinweise zum Einsatz der Arbeitsblätter

Aufgabe	ab Fibel- seite		
1	3	Mm Heraushören von Lauten Viererfenster	Aufgabenlösung: Spielkiste mit Bildern schmücken, Dinge malen oder aufkleben, deren Name ein m enthält, z. B. Maus.
2	5	Pp Heraushören von Lauten Viererfenster	Aufgabenlösung wie bei Aufgabe 1.
3	7	im, am	Aufgabenlösung: Bei welchen Bildern verwenden wir "im" ("am")? Zu den Bildern Sätze sagen lassen, Wortkarten ausschneiden und einkleben oder Wörter in die Wortkästen schreiben.
4	10	Nn Viererfenster	Aufgabenlösung wie bei Aufgabe 1.
5		O M Heraushören von Lauten	Aufgabenlösung: Sprechen der einzelnen Wörter, Heraushören der Anlaute; Feststellen, daß alle Wörter in einer Blume den gleichen Anlaut haben; Zuordnen der Buchstaben (in die Blume schreiben)
6		Mama Ordnen von Buch- staben zu einem Wort	Aufgabenlösung: - Überlegen, welcher Name das sein könnte, - Buchstaben ausschneiden, den Namen sprechen, Reihen-

Aufgabe	zur Fibel- seite		
			folge der Laute heraushören und dabei die Buchstaben in den Lautkasten legen (man kann probieren),
			- Buchstaben einkleben, schreiben (drucken) oder mit dem didaktischen Schülerarbeitsmittel legen.
7 ●		Namen Silben ergänzen	Aufgabenlösung: - Silbenkärtchen ausschneiden - Jedes Wort sprechen, fehlende Silbe ermitteln (man kann probieren), einkleben, schreiben (drucken) oder legen.
8 ■		Namen Buchstaben ergänzen	Vorgehen wie bei Aufgabe 6.
9/10	11 12	I,i / O,o Heraushören von Lauten Viererfenster	Vorgehen wie bei Aufgabe 1.
11 ● 12 ■	12	Namen Ordnen von Buchstaben zu Wörtern	Aufgabenlösung wie Aufgabe 6.
13 ● 14 ■	13	und, ist, sind Ergänzen von Sätzen	Aufgabenlösung: - fehlende Wörter ausschneiden und einkleben oder legen, - schreiben und am Rand durchstreichen.

Aufgabe	zur Fibel- seite		
15 ● 16 ■		Namen Silbenübungen	- Silben ergänzen zu Namen, - herausfinden, welche Silben zusammen einen Namen ergeben. Aufgabenlösung wie Aufgabe 7.
17	17	L, l Heraushören von Lauten Viererfenster	Vorgehen wie bei Aufgabe 1.
18 ●		Namen Silben ergänzen	Aufgabenlösung wie bei Aufgabe 7.
19 ■		Namen Ordnen von Buchstaben zu Wörtern	Vorgehen wie bei Aufgabe 6.
20 ● 21 ■	18 19	Wie heißen die Kinder? Bild-Text-Beziehungen; Übung zur Sinnerfassung	Aufgabenlösung: - Sätze lesen, mit dem Bild vergleichen, - Namen am Rand ausschneiden und im Bild richtig einkleben oder - einen langen Pfeil vom Namen zum Bild ziehen.
22	20	U, u Heraushören von Lauten Viererfenster	Vorgehen wie bei Aufgabe 1.
23 ●		Name Ordnen von Buchstaben zu einem Wort	Aufgabenlösung wie bei Aufgabe 6.

Aufgabe	zur Fibel- seite		
24 ●		Namen	Aufgabenlösung wie bei
25 ■		Ergänzungsübung	Aufgabe 8.
26 ●		Wir malen Übung zur Sinn- erfassung	Male auf, was du liest!
27 ■		Wie heißen die Kinder? Bild-Text-Bezie- hungen; Übung zur Sinnerfassung	Aufgabenlösung wie bei Aufgabe 20/21 oder Namen in den Kasten schreiben.
28	22	A, a Heraushören von Lauten Viererfenster	Vorgehen wie bei Aufgabe 1.
29 ● /30 ■		Namen Lautaustausch	Aufgabenlösung: - Buchstaben ausschneiden, - Namen lesen, überlegen, welche Namen wir daraus zaubern können, - Buchstaben in die Lautkästen legen, überprüfen, aufkle- ben.
31 /32	23 25	E, e / S, s Heraushören von Lauten Viererfenster	Vorgehen wie bei Aufgabe 1.
33 ● 34 ■	26	Was tun die Kinder? Wie heißen sie? Bild-Text-Bezie- hungen; Übung zur Sinnerfassung	Aufgabenlösung wie bei Aufgabe 20/21.

Aufgabe	zur Fibel- seite		
35	27	R, r Heraushören von Lauten Viererfenster	Vorgehen wie bei Aufgabe 1.
36	28	Was tun wir? Wort-Bild-Bezie- hungen; Übung zur Sinnerfassung	Lesen der Wörter, von jedem Wort zum dazugehörenden Bild einen Strich ziehen.
37	29	Ei, ei Heraushören von Lauten Viererfenster	Vorgehen wie bei Aufgabe 1.
38●		ein, eine Zuordnung Artikel – Substantiv	Lesen der "kleinen" Wörter, Striche zu den dazugehörenden Bildern ziehen.
39●		ei Heraushören von Lauten	"ei" umfahren und Wörter lesen.
40●		Was tun wir? Wort-Bild-Bezie- hungen; Übung zur Sinnerfassung	Aufgabenlösung wie bei Aufgabe 36.
41		nein Erkennen falscher Aussagen; Übung zur Sinnerfassung	Sätze still lesen, mit dem Bild vergleichen, falsche Aussage erkennen und im Kasten ankreuzen.
42/43	31 32	H, h / T, t Heraushören von Lauten Viererfenster	Vorgehen wie bei Aufgabe 1.

Aufgabe	zur Fibel- seite		
44 ●		Malen Übung zur Sinn- erfassung	Erlesen der Sätze, Bilder entsprechend fertigstellen.
45 ●	33	Wort-Bild-Bezie- hungen	Aufgabenlösung wie bei Aufgabe 36.
46 ■		Drachensteigen Bild-Text-Bezie- hungen; Übung zur Sinnerfassung	Aufgabenlösung wie bei Aufgabe 20/21.
47	34	D, d Heraushören von Lauten Viererfenster	Vorgehen wie bei Aufgabe 1.
48 ●		Wie heißen die Kinder? Silben ergänzen Namen	Aufgabenlösung wie bei Aufgabe 7.
49	36	W, w Heraushören von Lauten Viererfenster	Vorgehen wie bei Aufgabe 1.
50 ●		Reime! Reimwortübung	Zuordnen der Reimwörter, Reimwörter ausschneiden und aufkleben, durch einen Pfeil kennzeichnen oder in die Lücke schreiben.
51 ■	36	Malen Ordnen von Buch- staben zu Wörtern	Erkennen, welche Wörter in den Kreisen stecken, Bilder dazu malen.

Aufgabe	zur Fibel- seite		
52 ●	37	Malen Übung zur Sinn- erfassung	Erlesen einer Aufgabenstel- lung, Malen des in der Aufgabe genannten Gegenstandes, Erfassen schriftlicher Auf- gabenstellungen und Handeln danach.
53 ■		Malen Erlesen noch nicht gelesener Wörter; Erfassen schriftlich gege- bener Aufgaben- stellungen	Bilder malen unter bestimm- ter Aufgabenstellung; Erlesen und Beantworten der Frage durch Ankreuzen des richtigen Bildes.
54 ■	38	ei, ie	Erlesen der Sätze und Aus- führen der Aufträge.
55	40	F, f Heraushören von Lauten Viererfenster	Aufgabenlösung wie bei Aufgabe 1.
56		der, die, das Zuordnung Artikel – Substantiv	Aufgabenlösung wie bei Aufgabe 38.
57 ■	41	Wir helfen Beantworten von Fragen; Übung zur Sinnerfassung	Fibeltext lesen, Fragen auf dem Arbeitsblatt lesen, Ant- wort im Fibeltext suchen, Ergebnis kennzeichnen wie bei Aufgabe 27.
58	42	Au, au Heraushören von Lauten Viererfenster	Aufgabenlösung wie bei Aufgabe 1.

Aufgabe	zur Fibel- seite		
59 ●		f, t Übung zur optischen Differenzierung	Wörter lesen und in das richtige Haus einordnen.
60 ●		nein Erkennen falscher Aussagen; Übung zur Sinnerfassung	Aufgabenlösung wie bei Aufgabe 41.
61 ■		nein Erkennen falscher Aussagen; Übung zur Sinnerfassung	Fibeltext und Fragen auf dem Arbeitsblatt lesen, Antwort im Fibeltext suchen, zu verneinende Fragen kennzeichnen.
62 ■			Aufgabenlösung wie bei Aufgabe 20/21.
63 ■		Rätsel Ergänzen von Wörtern	- Fehlende Buchstaben ermitteln, am Rand durchstreichen, eintragen oder ausschneiden und einkleben; - Lösungswort lesen, als Bild darstellen.
64 ● / 65 ■	43	Silben ergänzen	Aufgabenlösung wie bei Aufgabe 7.
66	44	B, b Viererfenster	Aufgabenlösung wie bei Aufgabe 1.
67 ●		Lotto	Ausschneiden, zuordnen, einkleben der Wortbildkarten.
68 ■		Wer ist Paul?	Aufgabenlösung wie bei Aufgabe 20/21.

Aufgabe	zur Fibel- seite		
69 ●	45	Malen	Aufgabenlösung wie bei Aufgabe 44.
70 ■		Fehlersuche	Lesen des Fibeltextes, Lesen des Textes auf dem Arbeits- blatt, Fehler erkennen und anstreichen.
71	48	Sch, sch Viererfenster	Aufgabenlösung wie bei Aufgabe 1.
72		In der Schule Übung zur Sinn- erfassung	Sätze lesen, zu verneinende Aussagen kennzeichnen.
73 ●	49	nein	Aufgabenlösung wie bei Aufgabe 41.
74 ●		Was wir uns wünschen	Fibeltext lesen und auf dem Arbeitsblatt kennzeichnen, wer sich die Dinge wünscht; einen eigenen Wunsch aufmalen oder aufschreiben.
75	52	K, k Viererfenster	Aufgabenlösung wie bei Aufgabe 1.
76 ■	53	Karin und Klaus kaufen ein	Lesen des Textes, mit dem Bild vergleichen, falsche Aussage erkennen und anstrei- chen.
77 ●			a) die "kleinen" Wörter in längeren Wörtern suchen und einkreisen, das lange Wort und das kurze Wort vorlesen.

Aufgabe	zur Fibel- seite		
■			b) Vergleichen des Textes mit dem Fibeltext, das falsche Wort (Name) anstreichen.
78 ●			Wörter, die fließend gelesen werden können, werden gekennzeichnet.
79	54	G, g Viererfenster	Aufgabenlösung wie bei Aufgabe 1.
80 ●	55	Hurra, es hat geschneit	Lesen der Sätze, mit dem Bild vergleichen, treffenden Satz kennzeichnen.
81 ■			Aufgabenlösung wie bei Aufgabe 76.
82 ●			Aufgabenlösung wie bei Aufgabe 80.
83 ■			a) Aufgabenlösung wie bei Aufgabe 80. b) Vergleichen der Sätze mit dem Bild, Erkennen, was auf dem Bild anders ist als im Text und kennzeichnen.
84 ●	56	Wir rodeln	Sätze und Bilder durch Pfeile **richtig zuordnen**.
85 ■			Aufgabenlösung wie Aufgabe 78.
86 ■			Erlesen eines unbekannten Textes, eine Geschichte überlegen und erzählen oder malen.

Aufgabe	zur Fibel- seite		
87 ●	57	Ich kann lesen	Aufgabenlösung wie bei Aufgabe 78.
88 ●		Wir helfen den Vögeln im Winter	Aufgabenlösung wie bei Aufgabe 67.
89 ■			Aufgabenlösung wie bei Aufgabe 41.
90	58	Z, z Viererfenster	Aufgabenlösung wie bei Aufgabe 1.
91 ●		Heraus aus den Betten	Aufgabenlösung wie bei Aufgabe 70.
92	59	J, j Viererfenster	Aufgabenlösung wie bei Aufgabe 1.
93 ●		Abendgruß	Aufgabenlösung wie bei Aufgabe 70.
94 ■		ja, nein	Aufgabenlösung wie bei Aufgabe 89.

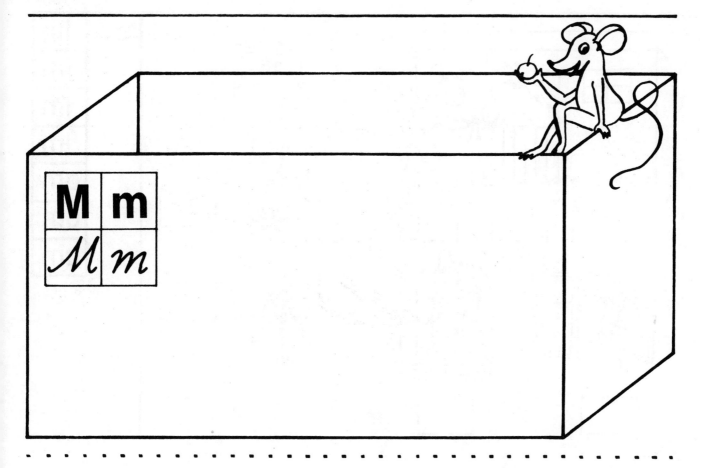

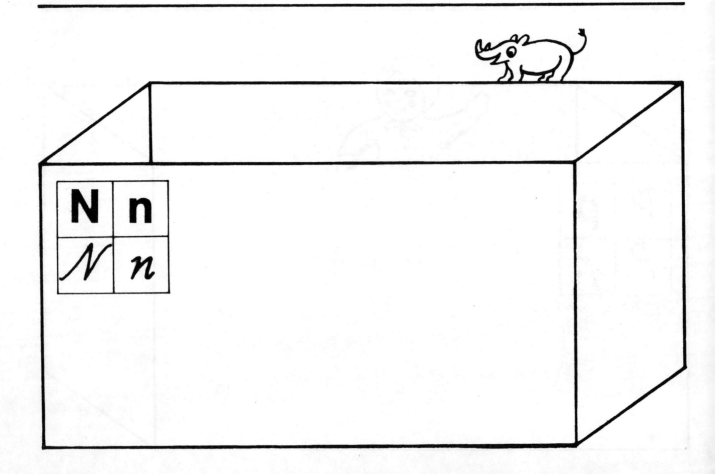

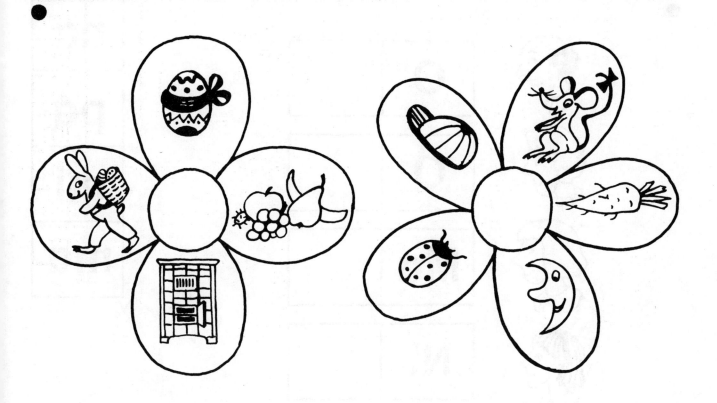

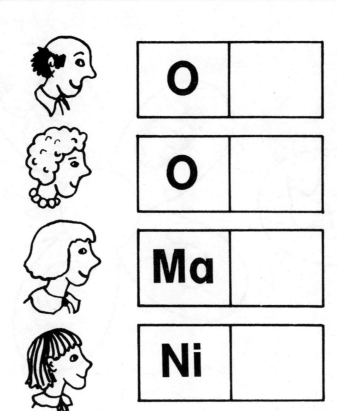

na
pa
mi
ma

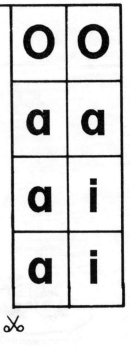

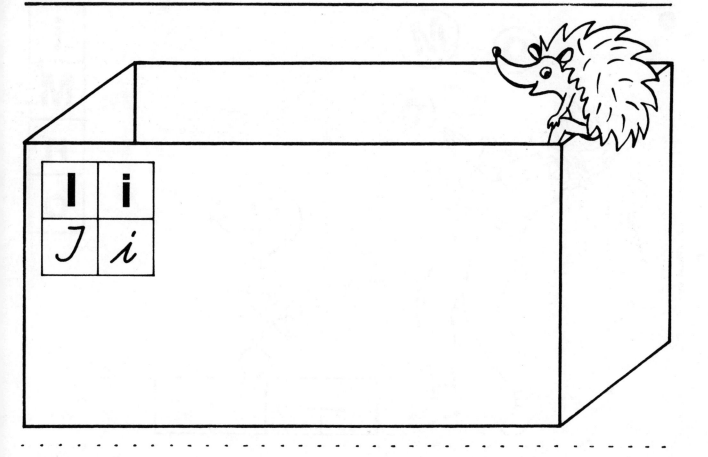

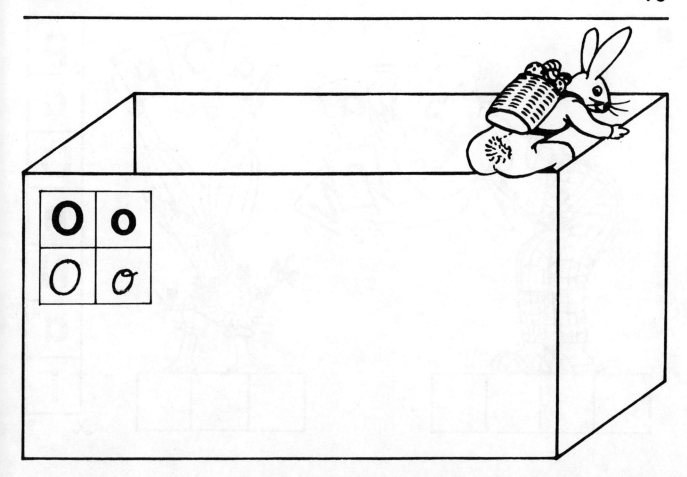

i M n o

p a O n N a i

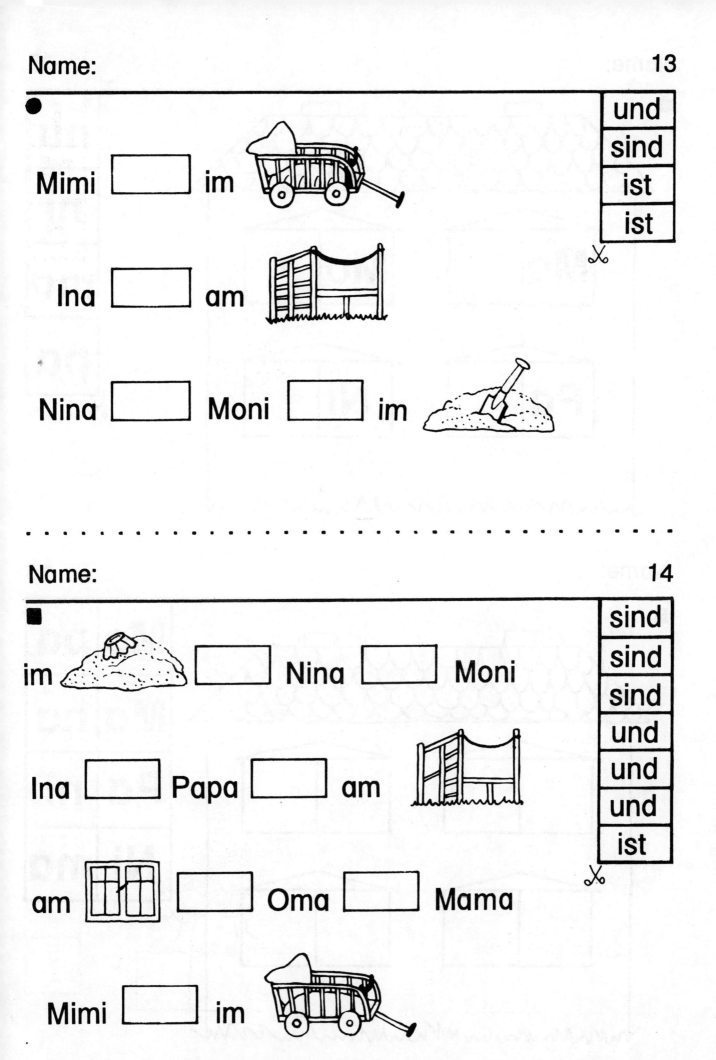

Mimi ☐ im

und
sind
ist
ist

Ina ☐ am

Nina ☐ Moni ☐ im

im ☐ Nina ☐ Moni

sind
sind
sind
und
und
und
ist

Ina ☐ Papa ☐ am

am ☐ Oma ☐ Mama

Mimi ☐ im

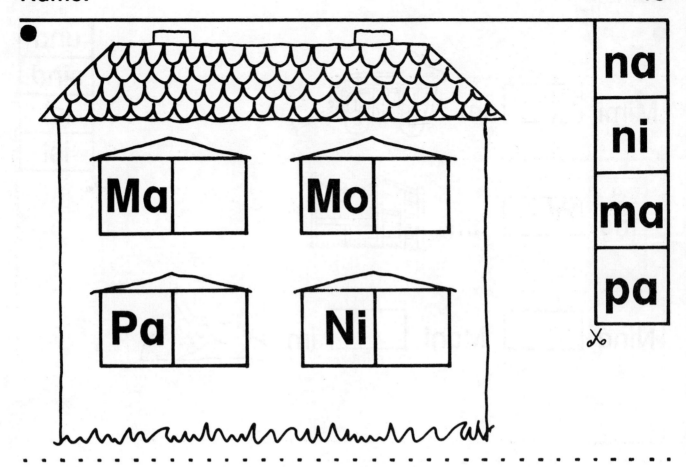

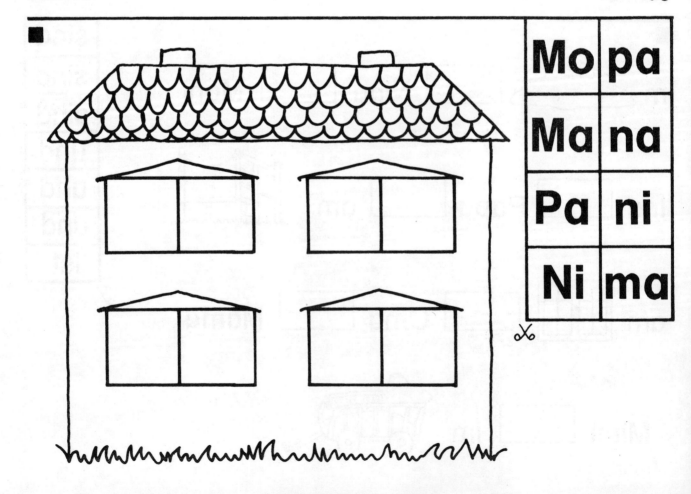

L l
𝓛 𝓵

- -

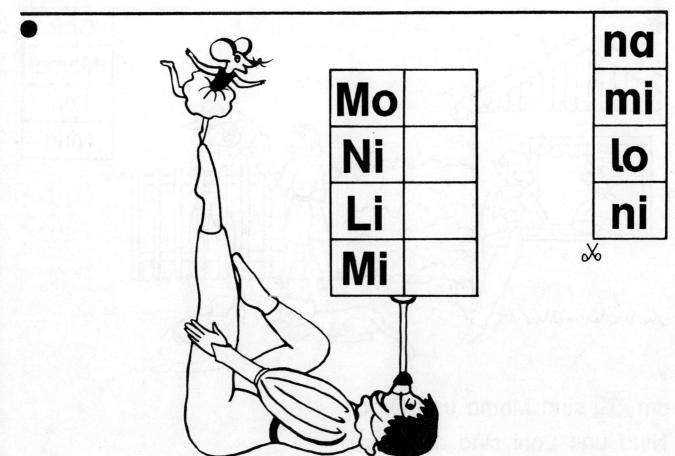

Mo	
Ni	
Li	
Mi	

na
mi
lo
ni

N	i
M	i
M	l
L	o

Oma
Mama
Loni
Nina

am [Fenster] sind Mama und Oma

Nina und Loni sind am [Zaun]

Ina und Lilo sind am

Moni ist am

am  sind Nina und Loni

Nina
Loni
Moni
Ina
Lilo

U | u
𝒰 | 𝓊

Name

l
l
i
o
n

✂

● male Muli am

male Emil im

| Loni |
| Lilo |
| Uli |

Lilo ist am ⊤

Loni und Uli sind am ⊓

am ⊓ ist Muli

- -

O	p	a	
M	a	m	a
M	o	n	i
A	n	n	a

L
p
p
i
m

O	p	a	
M	a	m	a
M	o	n	i
A	n	n	a

L
p
p
i
i
m

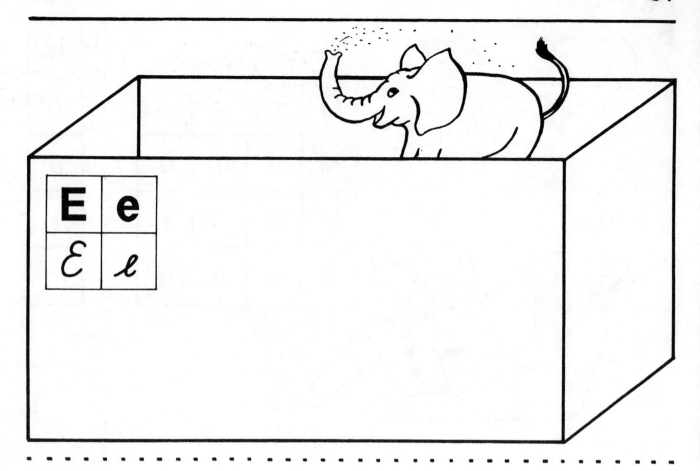

| lesen |
| malen |

Moni   Uli   Lisa Susi

Moni und Uli [____] .

Lisa und Susi [____] .

- ✂

| Susi |
| Moni |
| Lisa |
| Uli |

Moni und Uli malen.

Lisa und Susi lesen.

✂

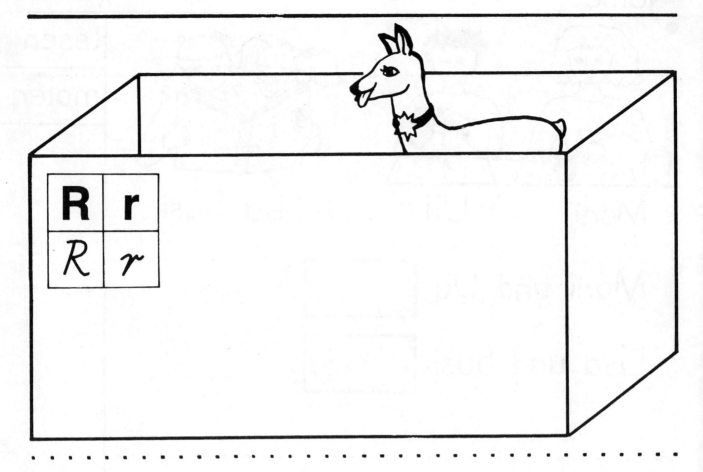

lesen   rennen

rollen

malen

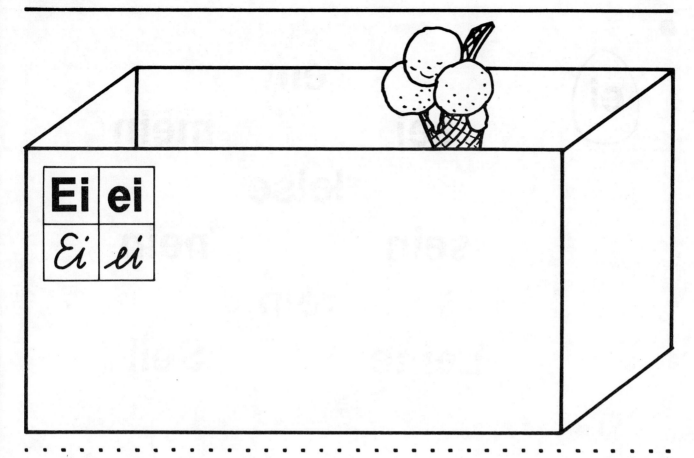

Ei | ei
Ei | ei

ein

eine

 **ei**

ein

sei   **mein**

leise

sein   **nein**

rein

Leine   **Seil**

essen
lesen
malen
rollen

nein

☐

☐

Omi und Rosi essen ein Eis.

Omi und Rosi essen ein Ei.

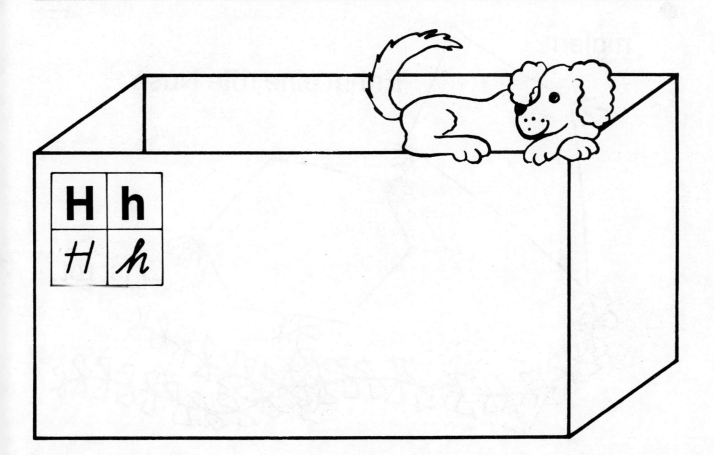

T	t
T	t

malen

Er hat eine rote Nase.

Er ist rot.

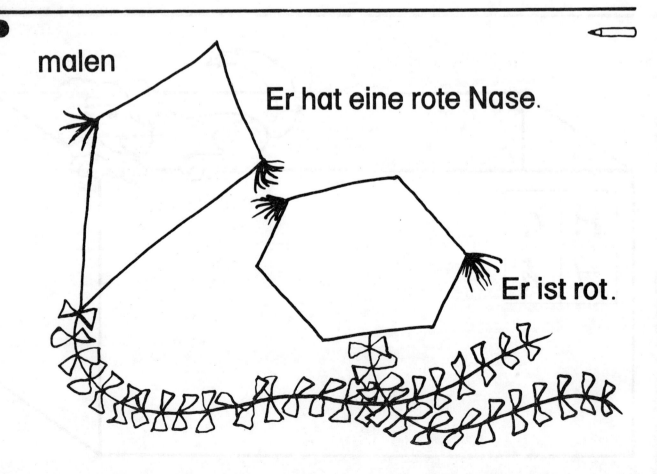

Hase

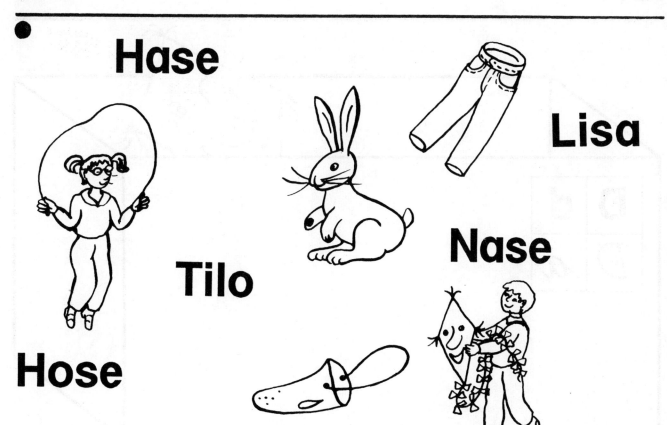

Lisa

Nase

Tilo

Hose

Hans
Tilo

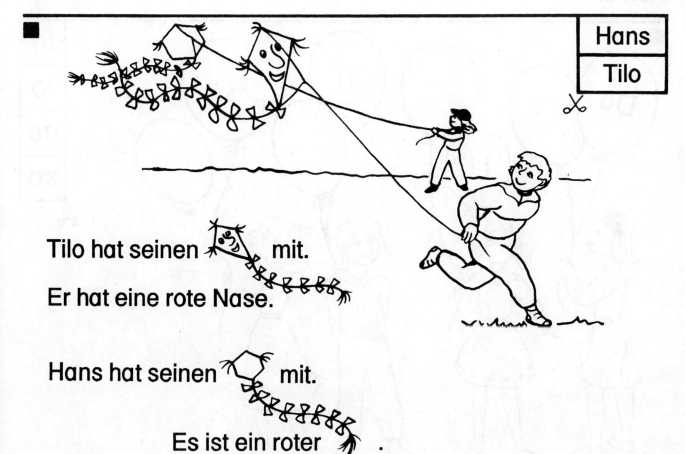

Tilo hat seinen mit.

Er hat eine rote Nase.

Hans hat seinen mit.

Es ist ein roter .

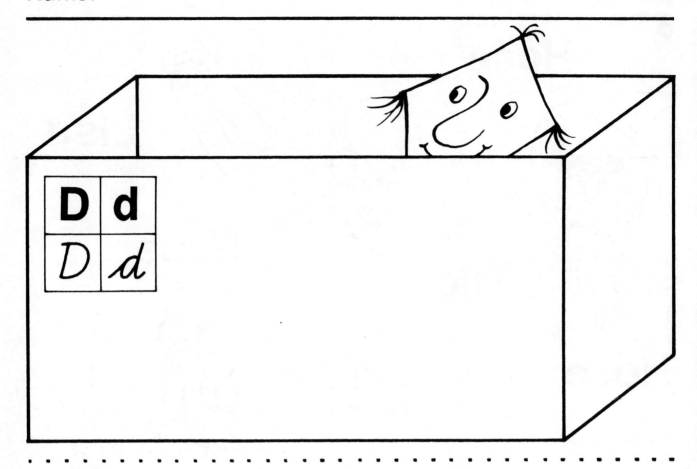

D **d**
D *d*

Da   Li   Ti   U

te
lo
na
sa

●

Reime!

Aus der <u>Tonne</u> wird die _____ .

Aus der <u>Wand</u> wird die _____ .

Aus der <u>Tanne</u> wird die _____ .

Aus <u>hinter</u> wird der _____ .

| Wanne |
| Winter |
| Sonne |
| Hand |

Male !

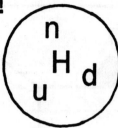 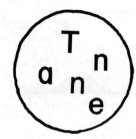 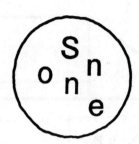

- -

Male eine Tonne!

Male einen roten Eimer!

Was soll das werden?

Male weiter!

Nun male allein!

■

Male !

Tomate _____   Rosine _____
Melone _____   Telefon _____
Salami _____   Domino _____

Wo ist die Marmelade?

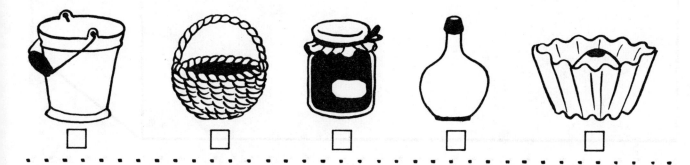

☐   ☐   ☐   ☐   ☐

■

Hole dir eine Seite Papier!
Nun male Marie auf einer Wiese!
Marie hat einen Esel an der Leine.
Nein, einen Hund!
Auf der Wiese ist eine Tanne.
Male alles!
Nun male ein anderes Tier
und eine Sonne!

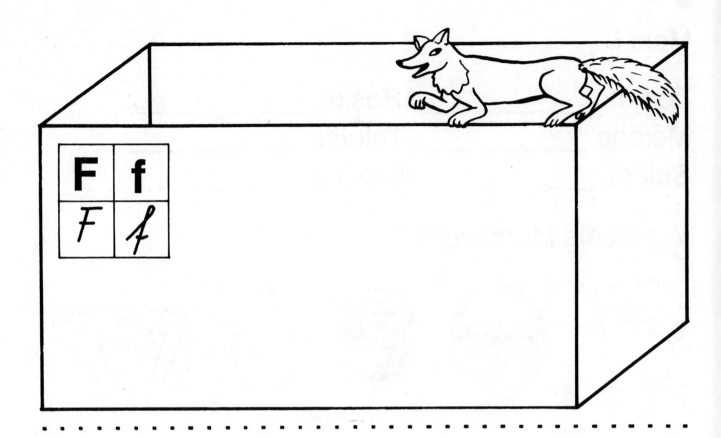

F	**f**
F	*f*

der

die

das

Tilo hilft dem Opa

Udo hilft der Oma

Tilo

Udo

Wer ist Tilo?

Wer ist Udo?

Au | **au**
Au | *au*

| helfen |
| Ute |
| rot |
| rufen |
| fein |
| hinter |

t   f

✂

- -

nein

Ist das eine Puppe?   ☐

Ist das ein Hund?   ☐

Ist das ein Auto?   ☐

nein

Nimmt Ute ihren Hund mit? ☐

Nimmt Paul sein Auto mit? ☐

Nimmt Olaf sein Auto mit? ☐

Nimmt Ute ihre Puppe mit? ☐

Nimmt Olaf seinen Hund mit? ☐

| Paul |
| Olaf |
| Ute |

Wo ist Olaf? Wer ist Paul? Wer ist Ute?

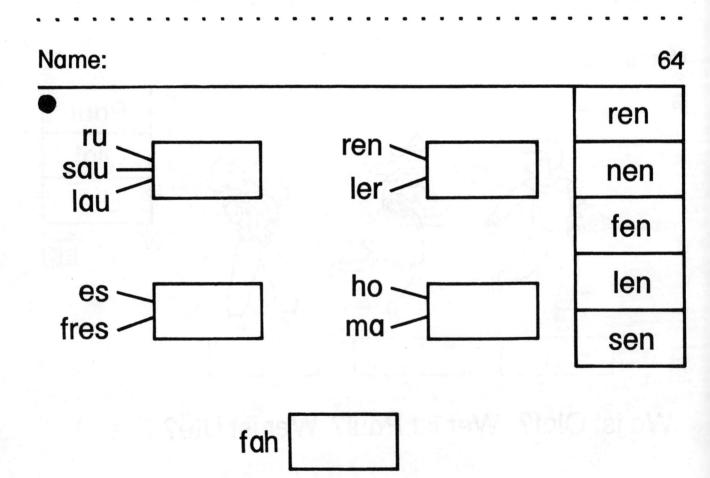

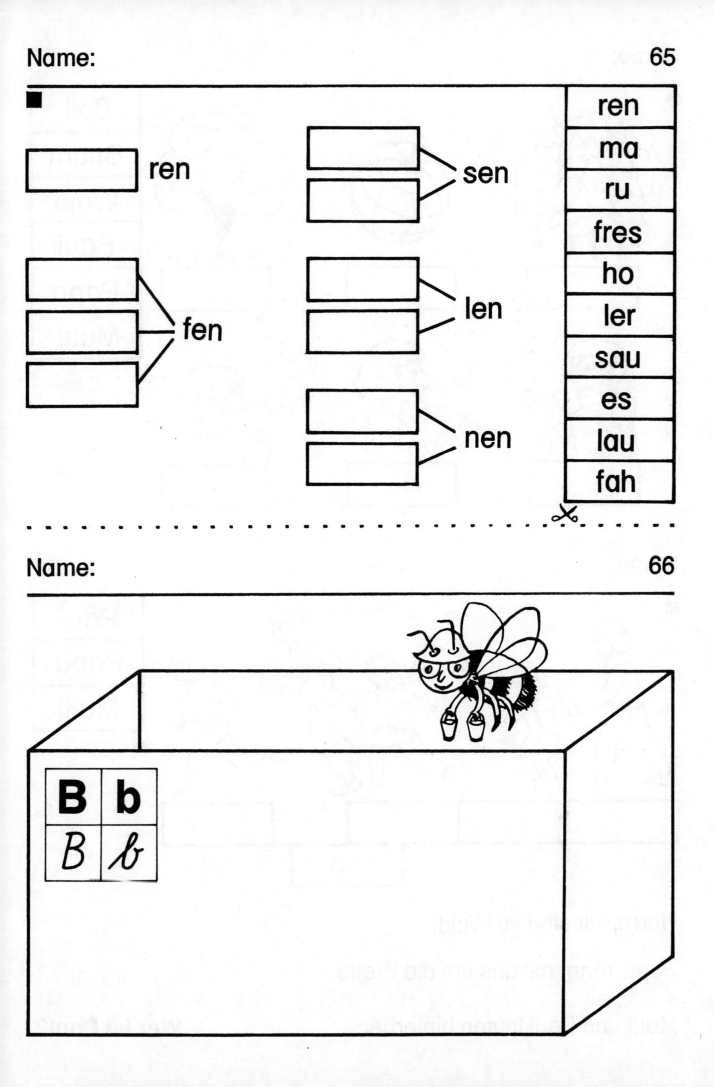

■

ren

fen

sen

len

nen

ren
ma
ru
fres
ho
ler
sau
es
lau
fah

- ✂ - - - - - - -

B **b**
B *b*

Hurra, wir sind im Wald!

Papa rennt mit uns um die Wette.

Mutti und Paul laufen hinterher.

Wer ist Paul?

Male ein Boot in der Badewanne!

Male die Wanne braun!

Male das Wasser blau!

Male das Boot rot!

· ·

■

Wo sind Fehler?

In der Badewanne

Paul und Lina baden.

Sie haben ein Boot mit in der Tanne.

Sie loben im Wasser umher.

Papa ruft: Seid ihr Wald sauber?

Aber Tina und Paul toben heiter.

Nun aber Ruhe! ruft Papa.

Da nehmen sie Seite und Mappen.

Sch | **sch**
Sch | *sch*

nein

In der Schule rechnen wir nie. ☐

In der Schule lesen wir. ☐

In der Schule schlafen die Lehrer. ☐

In der Schule lernen wir schreiben. ☐

In der Schule lachen wir einander aus. ☐

In der Schule helfen wir einander. ☐

nein

Ist das ein Tuch? ☐

Ist das eine Flöte? ☐

Ist das ein Buch? ☐

Ist das ein Schlitten? ☐

Ist das eine Tasche? ☐

· ·

Was wir uns wünschen

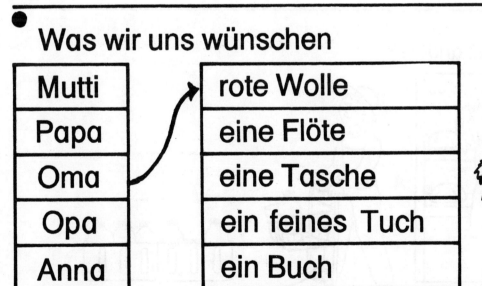

Mutti	rote Wolle
Papa	eine Flöte
Oma	eine Tasche
Opa	ein feines Tuch
Anna	ein Buch

Ich wünsche mir:

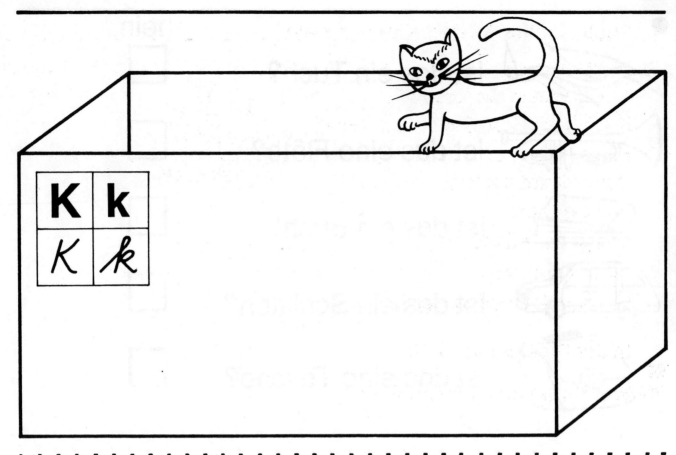

K **k**

K *k*

■

Was ist auf dem Bild anders?

Karin und Klaus kaufen ein.

Klaus hat schon ein Brot im Korb.

Karin nimmt noch Käse und Butter.

● **Suche kleine Wörter! Kreise sie ein !**

Mutti bittet die Kinder:

"Lauft bitte in die Kaufhalle!

Kauft noch Brot, Butter und Käse!"

Klaus holt einen Korb.

Doris nimmt ein Brot

und die Butter.

Wo ist der Käse?

Klaus findet ihn.

Er kann doch schon lesen.

aus

auf

in

an

im

alle

In der Fibel ist es nicht so.

 Wer findet das falsche Wort?

- -

●

Ich kann lesen.

Telefon	☐
anrufen	☐
einkaufen	☐
Telefon	☐
anrufen	☐
einkaufen	☐

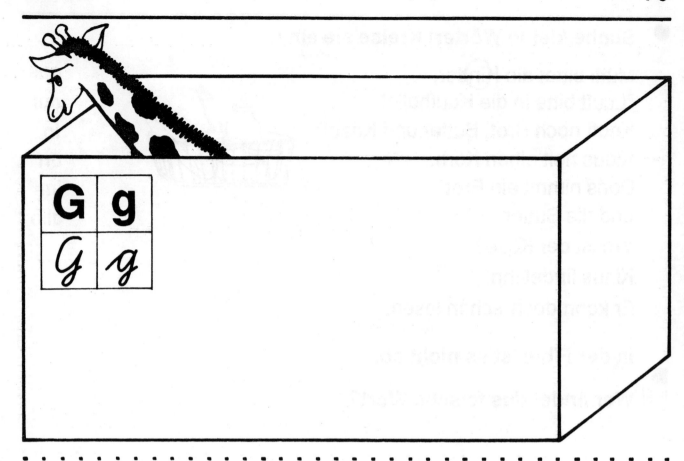

G **g**
G *g*

- -

●

- ☐ Sie rollen den Schnee für den Körper.

- ☐ Dann formen sie die Arme.

- ☐ Sie geben dem Schneemann
  einen Besen in die Hand.
- ☐ Einen alten Eimer nehmen sie als Hut.

Was ist falsch?

☐ Sie rollen den Schnee für den Körper.

☐ Dann formen sie die Arme. Was fehlt nun noch?

☐ Sie geben dem Schneemann einen Besen in die Hand.

☐ Einen alten Hut nehmen sie als Eimer.

. . . .

Hurra, es hat geschneit!

☐ Draußen ist alles weiß.

☐ Die Kinder wollen einen großen Schneemann bauen.

☐ Sie rollen den Schnee für den Körper.

☐ Dann formen sie die Arme.

■

1. Was fehlt nun noch?

✎

☐ Sie geben dem Schneemann
   einen Besen in die Hand.

☐ Einen alten Eimer nehmen sie
   als Hut.
   Haben wir nun schon alles?
   Nein!

☐ Der Schneemann muß noch
   eine Nase haben.

2. Was ist auf dem Bild anders?

· ·

●

Karin will nach dem
großen Schneemann
werfen.

_____

Klaus rodelt und
lacht dabei.

_____

Sie toben im Schnee
herum.

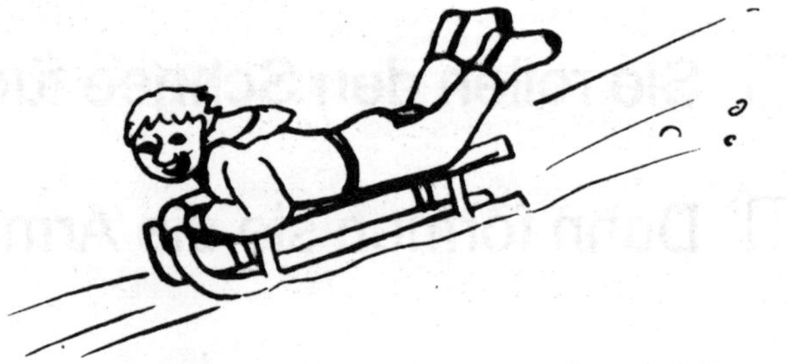

■

Ich kann lesen:

- ☐ Schnee
- ☐ Schneemann
- ☐ Schneeball
- ☐ Schlitten
- ☐ Schlittschuh
- ☐ schlittern
- ☐ Schlitterbahn
- ☐ rodeln
- ☐ Rodelbahn

- -

■

Es waren einmal acht Schneemänner:
Der Schneemannpapa, die Schneemannmutti
und ihre Schneemannkinder.
Eines Tages sagte die Schneemannmutti: ...

Überlege dir eine Geschichte!

● Ich lese allein:

☐ Mutter   ☐ Sonne
☐ Futter   ☐ Tonne
☐ Butter   ☐ Puppe
☐ Anne   ☐ Suppe
☐ Wanne   ☐ Hund
☐ Tanne   ☐ Mund

| Vogelhaus |
| Winter |
| Vogelfutter |
| Vögel |
| Garten |

■

nein

Im Winter kommen viele
Vögel in unseren Garten.

Wir wollen den Vögeln
helfen.

Die Vögel haben sich ein
schönes Vogelhaus gebaut.

Mutti kauft Vogelfutter.

Die Vögel füttern uns Kinder.

Z **z**
Z *z*

Was ist falsch?

Heraus aus den Betten!
Olaf und Ute liegen immer noch
im Bett.
Der Vater geht in das Zimmer
hinein.
Er sagt: " Guten Abend! –
Es ist Zeit. "

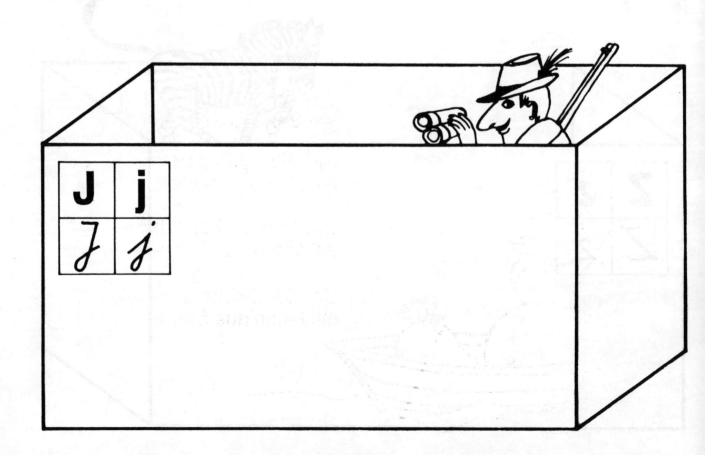

J	j
J	*j*

●

Was ist falsch?

Gleich kommt der Sandmann.

Was wünscht er den Kindern

an jedem Abend?

Guten Morgen!

- -

■

Ist das so?	ja	nein
Ein Schneeball ist ein Ball aus Schnee.	☐	☐
Ein Wasserball ist ein Ball aus Wasser.	☐	☐
Der Schneemann ist ein Mann aus Schnee.	☐	☐
Der Sandmann ist ein Mann aus Sand.	☐	☐